Clara och Den Magiska Balettskorna: Tvåspråkiga engelsk-svenska barnberättelser

Artici Kids

Published by Artici Kids, 2024.

While every precaution has been taken in the preparation of this book, the publisher assumes no responsibility for errors or omissions, or for damages resulting from the use of the information contained herein.

CLARA OCH DEN MAGISKA BALETTSKORNA: TVÅSPRÅKIGA ENGELSK-SVENSKA BARNBERÄTTELSER

First edition. June 13, 2024.

ISBN: 979-8227808264

Written by Artici Kids.

Table of Contents

The Penguin's Magic Melody

In the icy expanse of Antarctica, where the snowflakes shimmer like tiny diamonds and the sea glistens under the pale sunlight, there lived a little penguin named Percy. Percy was not just any penguin; he had a secret talent that no one knew about. You see, Percy could sing. Not just any singing, mind you, but a melodious voice that could make the toughest icebergs melt.

From a very young age, Percy loved the sounds around him—the waves crashing against the shore, the wind whistling through the icy peaks, and the soft murmurs of the other penguins. He often tried to mimic these sounds, but it wasn't until one particularly magical night that Percy discovered his true gift.

It was a cold and quiet evening. The moon hung high in the sky, casting a silvery glow over the snow. Percy was sitting by himself on a little hill, watching the stars twinkle like tiny lanterns. Feeling a bit lonely, he opened his beak and began to hum. To his surprise, a beautiful melody flowed out, filling the air with sweet, harmonious notes.

"What's that sound?" wondered the other penguins as they waddled closer to Percy's hill. "Is it the wind? Is it the sea?"

As they got closer, they realized it was Percy singing. They were mesmerized by the enchanting music that seemed to lift their spirits and make the cold night feel warm.

"Percy, that was amazing!" said Polly, a penguin with a penchant for adventure.

"Where did you learn to sing like that?" asked Pete, who was known for his impressive dives.

Percy blushed under their praise. "I don't know," he replied honestly. "I just love the sounds around us and tried to make my own."

Soon, the news of Percy's singing spread throughout the penguin colony. Everyone wanted to hear him sing, and Percy was happy to share his gift. Every evening, as the sun set and the stars began to twinkle, Percy would find his hill and sing his heart out. The penguins would gather around, feeling the warmth of his music despite the chilly air.

But one day, as the penguins were preparing for their evening gathering, a big storm rolled in. The wind howled ferociously, and the snow fell in thick, blinding sheets. The penguins huddled together, frightened by the raging storm.

"What will we do?" cried Polly. "We can't even see a foot in front of us!"

Percy, despite feeling scared himself, had an idea. "Maybe I can help," he said softly. He climbed to the top of his hill and started to sing. His voice rose above the howling wind and the blizzard's fury, creating a beautiful melody that seemed to calm the storm.

As Percy's song filled the air, the winds began to die down, and the snow started to fall gently. The other penguins were amazed. "Percy, you've done it! Your singing saved us!" they cheered.

From that day on, Percy was not just the singing penguin; he was their hero. His songs brought joy and comfort to the colony, no matter how tough the times were. And Percy realized that his gift was not just for himself but for everyone around him.

Every night, as the stars shone brightly in the sky, Percy sang his magical melodies, and the penguins danced and played, knowing that with Percy around, they were always safe and happy.

Pingvinens Magiska Melodi

I det isiga vidsträckta Antarktis, där snöflingorna gnistrar som små diamanter och havet glittrar under det bleka solskenet, bodde en liten pingvin vid namn Percy. Percy var inte bara en vanlig pingvin; han hade en hemlig talang som ingen kände till. Ser du, Percy kunde sjunga. Inte bara någon sång, utan en melodisk röst som kunde få de tuffaste isbergen att smälta.

Från en mycket ung ålder älskade Percy ljuden runt omkring sig – vågorna som kraschade mot stranden, vinden som visslade genom de isiga topparna och de andra pingvinernas mjuka mummel. Han försökte ofta efterlikna dessa ljud, men det var inte förrän en särskilt magisk natt som Percy upptäckte sin verkliga gåva.

Det var en kall och tyst kväll. Månen hängde högt på himlen och kastade ett silvrigt sken över snön. Percy satt ensam på en liten kulle och tittade på stjärnorna som glittrade som små lyktor. Kände sig lite ensam, öppnade han näbben och började nynna. Till hans förvåning flödade en vacker melodi ut och fyllde luften med söta, harmoniska toner.

"Vad är det för ljud?" undrade de andra pingvinerna när de vaggade närmare Percys kulle. "Är det vinden? Är det havet?"

När de kom närmare insåg de att det var Percy som sjöng. De blev fängslade av den förtrollande musiken som verkade lyfta deras andar och göra den kalla natten varm.

"Percy, det var fantastiskt!" sa Polly, en pingvin med en förkärlek för äventyr.

"Var har du lärt dig att sjunga så där?" frågade Pete, som var känd för sina imponerande dyk.

Percy rod

nade under deras beröm. "Jag vet inte," svarade han ärligt. "Jag älskar bara ljuden omkring oss och försökte skapa mina egna."

Snart spred sig nyheten om Percys sång genom hela pingvinkolonin. Alla ville höra honom sjunga, och Percy var glad att dela med sig av sin gåva. Varje kväll, när solen gick ner och stjärnorna började glittra, fann Percy sin kulle och sjöng av hjärtat. Pingvinerna samlades runt omkring och kände värmen från hans musik trots den kyliga luften.

Men en dag, när pingvinerna förberedde sig för sin kvällssamling, rullade en stor storm in. Vinden tjöt vilt och snön föll i tjocka, förblindande skurar. Pingvinerna trängde sig samman, rädda för den rasande stormen.

"Vad ska vi göra?" grät Polly. "Vi kan inte ens se en fot framför oss!"

Percy, trots att han själv var rädd, fick en idé. "Kanske jag kan hjälpa," sa han mjukt. Han klättrade upp till toppen av sin kulle och började sjunga. Hans röst steg över den tjutande vinden och blizzardens raseri och skapade en vacker melodi som verkade lugna stormen.

När Percys sång fyllde luften började vinden avta och snön började falla mjukt. De andra pingvinerna var förbluffade. "Percy, du klarade det! Din sång räddade oss!" jublade de.

Från den dagen var Percy inte bara den sjungande pingvinen; han var deras hjälte. Hans sånger skänkte glädje och tröst till kolonin, oavsett hur svåra tiderna var. Och Percy insåg att hans gåva inte bara var för honom själv utan för alla omkring honom.

Varje natt, när stjärnorna lyste klart på himlen, sjöng Percy sina magiska melodier, och pingvinerna dansade och lekte, med vissheten om att med Percy omkring, var de alltid trygga och glada.

Marina's Magical Adventure

Deep beneath the waves, in the enchanting realm of the ocean, lived a mermaid named Marina. Marina wasn't like the other mermaids who spent their days combing their hair with seashells and singing with the dolphins. She had a curious mind and a brave heart, always dreaming of grand adventures beyond the coral reefs and seaweed forests.

One sunny morning, as Marina was exploring a shipwreck, she discovered a strange, shimmering object buried in the sand. It was a golden locket, adorned with intricate designs and a tiny keyhole. Marina's heart skipped a beat. She had heard tales of magical objects that held the power to change the world. Could this be one of them?

Excited, Marina swam back to her home, a cozy underwater cave filled with colorful shells and sparkling treasures she had collected from her many adventures. She showed the locket to her best friend, Coral, a cheerful seahorse with a knack for finding hidden things.

"Do you think it's magic?" Marina asked, her eyes wide with wonder.

"It must be!" Coral exclaimed. "Look at how it glows! We have to find the key!"

So, the two friends set off on a grand quest to unlock the locket's secrets. They swam through the bustling coral cities, past schools of glittering fish, and deep into the mysterious kelp forests. Along the way, they met many sea creatures who offered them clues and advice.

First, they encountered an old turtle named Tortuga, who told them about a wise octopus named Otto who lived in the darkest depths of the ocean.

"Otto knows everything about magical artifacts," Tortuga said, "but getting to him is no easy task."

Determined, Marina and Coral ventured deeper into the ocean, where the sunlight barely reached and the water grew colder. They navigated through treacherous underwater caves and dodged giant sea anemones that waved their stinging tentacles menacingly.

Finally, they reached Otto's lair. The octopus was huge, with eyes that seemed to hold all the secrets of the ocean. "I've been expecting you," Otto said in a voice that rumbled like distant thunder. "The locket you found is indeed magical. It holds the power to grant a single wish, but you must find the key to unlock its magic."

Marina and Coral listened intently as Otto told them about a hidden island where the key was kept. "The island is protected by powerful magic," Otto warned. "Only those with pure hearts can find it."

With renewed determination, Marina and Coral thanked Otto and set off once again. They swam for days, guided by the light of the moon and the stars. They braved fierce storms and evaded dangerous predators, their friendship and courage growing stronger with each challenge.

One night, as they rested on a quiet beach, they heard a soft, melodious song carried by the wind. Following the sound, they discovered a secret cave hidden behind a waterfall. Inside, they found a beautiful garden filled with glowing flowers and a sparkling pond.

In the center of the pond floated a tiny, golden key.

Marina's heart leapt with joy. She carefully took the key and placed it in the locket. As she turned it, the locket opened, and a dazzling light filled the cave. A voice echoed through the air, saying, "You have found the key to your heart's deepest wish. Speak it now, and it shall be granted."

Marina closed her eyes and thought of all the wondrous things she could wish for. But then she remembered the kindness of her friends and the beauty of the ocean. She knew what her true wish was.

"I wish for the ocean to always be a place of wonder and magic, where everyone can find happiness and adventure," she said softly.

The light grew brighter, and for a moment, it seemed as though the entire ocean shimmered with joy. When the light faded, the locket disappeared, leaving Marina and Coral standing in the glowing garden.

As they swam back home, they noticed that the ocean seemed even more vibrant and full of life. The coral reefs were more colorful, the fish more playful, and the sea creatures more friendly. Marina's wish had come true.

From that day on, Marina and Coral continued to explore the ocean, sharing their stories and adventures with everyone they met. And though the locket was gone, Marina knew that the real magic was in the love and friendship she shared with her friends.

Marina had discovered that the greatest treasure of all was not found in golden lockets or hidden keys, but in the hearts of those who care for each other and the world around them.

Marinas Magiska Äventyr

Djupt under vågorna, i havets förtrollande rike, bodde en sjöjungfru vid namn Marina. Marina var inte som de andra sjöjungfrurna som tillbringade sina dagar med att kamma sitt hår med snäckor och sjunga med delfinerna. Hon hade ett nyfiket sinne och ett modigt hjärta, och drömde alltid om storslagna äventyr bortom korallreven och tångskogarna.

En solig morgon, när Marina utforskade ett skeppsvrak, upptäckte hon ett märkligt, skimrande föremål begravt i sanden. Det var ett gyllene medaljong, prydd med intrikata mönster och ett litet nyckelhål. Marinas hjärta hoppade till. Hon hade hört berättelser om magiska föremål som hade kraften att förändra världen. Kunde detta vara ett av dem?

Upphetsad simmade Marina tillbaka till sitt hem, en mysig undervattensgrotta fylld med färgglada snäckor och gnistrande skatter som hon hade samlat på sig under sina många äventyr. Hon visade medaljongen för sin bästa vän, Coral, en glad sjöhäst med en talang för att hitta dolda saker.

"Tror du att det är magiskt?" frågade Marina, med ögonen stora av förundran.

"Det måste vara det!" utropade Coral. "Se hur det lyser! Vi måste hitta nyckeln!"

Så de två vännerna gav sig iväg på en storslagen jakt för att låsa upp medaljongens hemligheter. De simmade genom de livliga korallstäderna, förbi stim av glittrande fiskar, och djupt in i de mystiska tångskogarna. På vägen mötte de många havsvarelser som erbjöd dem ledtrådar och råd.

Först träffade de en gammal sköldpadda vid namn Tortuga, som berättade om en vis bläckfisk vid namn Otto som bodde i havets mörkaste djup. "Otto vet allt om magiska föremål," sa Tortuga, "men att nå honom är ingen lätt uppgift."

Beslutsamma, Marina och Coral vågade sig djupare in i havet, där solljuset knappt nådde och vattnet blev kallare. De navigerade genom förrädiska undervattensgrottor och undvek jättelika havsanemoner som viftade med sina brännande tentakler hotfullt.

Till slut nådde de Ottos lya. Bläckfisken var enorm, med ögon som verkade hålla alla havets hemligheter. "Jag har väntat er," sa Otto med en röst som mullrade som avlägsen åska. "Medaljongen ni hittade är verkligen magisk. Den har kraften att uppfylla en enda önskan, men ni måste hitta nyckeln för att låsa upp dess magi."

Marina och Coral lyssnade noga medan Otto berättade om en gömd ö där nyckeln förvarades. "Ön är skyddad av mäktig magi," varnade Otto. "Endast de med rena hjärtan kan hitta den."

Med förnyad beslutsamhet tackade Marina och Coral Otto och gav sig iväg igen. De simmade i dagar, ledda av månens och stjärnornas ljus. De trotsade häftiga stormar och undvek farliga rovdjur, och deras vänskap och mod växte sig starkare med varje utmaning.

En natt, när de vilade på en tyst strand, hörde de en mjuk, melodisk sång som bars av vinden. De följde ljudet och upptäckte en hemlig grotta gömd bakom ett vattenfall. Inuti fann de en vacker trädgård fylld med lysande blommor och en glittrande damm.

I mitten av dammen flöt en liten, gyllene nyckel.

Marinas hjärta hoppade av glädje. Hon tog försiktigt nyckeln och satte den i medaljongen. När hon vred om den, öppnades medaljongen och ett bländande ljus fyllde grottan. En röst ekade genom luften och sa, "Du har funnit nyckeln till ditt hjärtas djupaste önskan. Tala nu, och den ska bli uppfylld."

Marina blundade och tänkte på alla underbara saker hon kunde önska sig. Men då mindes hon sina vänners godhet och havets skönhet. Hon visste vad hennes verkliga önskan var.

"Jag önskar att havet alltid ska vara en plats av under och magi, där alla kan hitta lycka och äventyr," sa hon mjukt.

Ljuset blev starkare, och för ett ögonblick verkade det som om hela havet skimrade av glädje. När ljuset falnade, försvann medaljongen, och lämnade Marina och Coral stående i den lysande trädgården.

När de simmade tillbaka hem, märkte de att havet verkade ännu mer livfullt och fullt av liv. Korallreven var mer färgglada, fiskarna mer lekfulla, och havsvarelserna mer vänliga. Marinas önskan hade gått i uppfyllelse.

Från den dagen fortsatte Marina och Coral att utforska havet, och delade sina historier och äventyr med alla de mötte. Och även om medaljongen var borta, visste Marina att den verkliga magin fanns i kärleken och vänskapen hon delade med sina vänner.

Marina hade upptäckt att den största skatten av alla inte fanns i gyllene medaljonger eller dolda nycklar, utan i hjärtan hos dem som bryr sig om varandra och världen runt omkring dem.

Captain Jack and the Secret of the Treasure

On a faraway island, surrounded by the bluest of oceans, lived a young pirate named Captain Jack. Captain Jack wasn't like the other pirates who were gruff and grumpy. He had a heart full of curiosity and a mind brimming with dreams of grand adventures. With his trusty parrot, Polly, perched on his shoulder, he sailed the high seas on his ship, the Sea Serpent, in search of treasure and excitement.

One sunny afternoon, as Jack was mapping out their next voyage, Polly squawked excitedly, "Jack! Look what I found!" Jack turned to see Polly holding a tattered old map in her beak. The map was ancient, with faded lines and cryptic symbols that hinted at a hidden treasure.

"Well done, Polly!" Jack exclaimed, taking the map gently. "This looks like the adventure we've been waiting for!"

The map led them to a mysterious island, said to be enchanted and guarded by mythical creatures. With a sense of excitement and determination, Jack and Polly set sail, their eyes gleaming with the thrill of the unknown.

After days of sailing, they reached the shores of the island. The beach was lined with golden sand, and the air was filled with the sweet scent of tropical flowers. But there was something eerie about the island. It felt as if eyes were watching their every move.

"Stay close, Polly," Jack whispered as they ventured into the dense jungle. The map led them through twisting paths and across babbling brooks, each step bringing them closer to the treasure.

Along the way, they encountered many challenges. First, they had to outsmart a group of mischievous monkeys who tried to steal the map. Polly used her sharp wit to distract the monkeys with a shiny piece of gold, while Jack slipped past them unnoticed.

Next, they came across a rickety bridge hanging over a deep ravine. The planks were old and rotted, threatening to give way at any moment. "We have to be careful, Polly," Jack said. With steady nerves and careful steps, they crossed the bridge, feeling a surge of relief when they reached the other side.

As they delved deeper into the jungle, they met an old turtle named Tiberius, who seemed to know everything about the island. "I see you are on a quest for the treasure," Tiberius said in a slow, deep voice. "But beware, the treasure is guarded by a fierce dragon who will test your bravery and kindness."

Jack and Polly listened intently to Tiberius's advice. "How do we find this dragon?" Jack asked.

"Follow the river until you reach the great waterfall," Tiberius replied. "There, you will find the dragon's lair."

Thanking Tiberius, they continued their journey. The river sparkled under the sunlight, guiding them to the majestic waterfall that roared with power. Behind the waterfall, they discovered a hidden cave, its entrance adorned with ancient carvings.

Taking a deep breath, Jack and Polly stepped into the cave. The air was cool and damp, and the cave walls glowed with a mystical light. As they ventured further, they heard a deep rumbling sound.

Suddenly, a massive dragon with shimmering scales and glowing eyes appeared before them. "Who dares to enter my lair?" the dragon boomed.

Gathering his courage, Jack stepped forward. "I am Captain Jack, and this is Polly. We seek the hidden treasure."

The dragon's eyes narrowed. "Many have tried and failed. What makes you worthy of the treasure?"

Jack thought for a moment and then spoke from his heart. "We seek the treasure not for greed, but to bring joy and wonder to those who have none. We wish to share the magic of the sea with the world."

The dragon considered Jack's words. Then, with a nod, it stepped aside, revealing a chest filled with gold, jewels, and ancient artifacts. "You have proven your worth, Captain Jack. The treasure is yours. Use it wisely."

Overjoyed, Jack and Polly thanked the dragon and carefully took the treasure chest. As they made their way back to their ship, they felt a sense of accomplishment and fulfillment. They had not only found the treasure but had also discovered the true meaning of their quest.

With the treasure aboard the Sea Serpent, Jack and Polly set sail for home. They used the treasure to help those in need, building schools, hospitals, and libraries, and sharing their adventures with everyone they met. The island's magic seemed to follow them, bringing happiness and hope wherever they went.

Captain Jack had learned that the greatest treasure was not the gold and jewels but the joy of helping others and the adventures shared with friends. And so, with a heart full of dreams and a ship full of wonders, Captain Jack and Polly continued their voyages, always seeking new adventures and spreading kindness across the seas.

Kapten Jack och Skattens Hemlighet

På en avlägsen ö, omgiven av det blåaste havet, bodde en ung pirat vid namn Kapten Jack. Kapten Jack var inte som de andra piraterna som var barska och buttra. Han hade ett hjärta fullt av nyfikenhet och ett sinne fyllt av drömmar om storslagna äventyr. Med sin trogna papegoja Polly sittande på sin axel, seglade han på de höga haven på sitt skepp, Havsormen, i jakt på skatter och spänning.

En solig eftermiddag, när Jack höll på att planera deras nästa resa, skrek Polly upphetsat, "Jack! Titta vad jag hittade!" Jack vände sig om och såg Polly hålla en trasig gammal karta i sin näbb. Kartan var gammal, med bleknade linjer och kryptiska symboler som antydde om en dold skatt.

"Bra gjort, Polly!" utbrast Jack och tog försiktigt kartan. "Det här ser ut som äventyret vi har väntat på!"

Kartan ledde dem till en mystisk ö, som sades vara förtrollad och vaktad av mytiska varelser. Med en känsla av spänning och beslutsamhet satte Jack och Polly segel, deras ögon glänsande av det okändas spänning.

Efter dagar av segling nådde de öns strand. Stranden var kantad av gyllene sand, och luften fylldes av den söta doften av tropiska blommor. Men det var något kusligt med ön. Det kändes som om ögon följde varje rörelse de gjorde.

"Håll dig nära, Polly," viskade Jack när de vågade sig in i den täta djungeln. Kartan ledde dem genom slingrande stigar och över porlande bäckar, varje steg tog dem närmare skatten.

På vägen mötte de många utmaningar. Först måste de överlista en grupp busiga apor som försökte stjäla kartan. Polly använde sin skarpa intelligens för att distrahera aporna med en glittrande guldklimp, medan Jack smög förbi dem obemärkt.

Nästa hinder var en ranglig bro som hängde över en djup ravin. Plankorna var gamla och ruttnade, och hotade att ge vika när som helst. "Vi måste vara försiktiga, Polly," sa Jack. Med stadiga nerver och försiktiga steg korsade de bron, och kände en våg av lättnad när de nådde andra sidan.

När de trängde djupare in i djungeln mötte de en gammal sköldpadda vid namn Tiberius, som verkade veta allt om ön. "Jag ser att ni är på jakt efter skatten," sa Tiberius med en långsam, djup röst. "Men var på er vakt, skatten vaktas av en fruktansvärd drake som kommer att testa ert mod och er vänlighet."

Jack och Polly lyssnade noga på Tiberius råd. "Hur hittar vi denna drake?" frågade Jack.

"Följ floden tills ni når det stora vattenfallet," svarade Tiberius. "Där hittar ni drakens lya."

De tackade Tiberius och fortsatte sin resa. Floden glittrade under solljuset och ledde dem till det majestätiska vattenfallet som dånade med kraft. Bakom vattenfallet upptäckte de en dold grotta, dess ingång prydd med urgamla ristningar.

Med ett djupt andetag steg Jack och Polly in i grottan. Luften var kall och fuktig, och grottans väggar glödde med ett mystiskt ljus. När de vågade sig längre in hörde de ett djupt mullrande ljud.

Plötsligt dök en massiv drake med skimrande fjäll och lysande ögon upp framför dem. "Vem vågar sig in i min lya?" dånade draken.

Med samlad mod klev Jack fram. "Jag är Kapten Jack, och detta är Polly. Vi söker den dolda skatten."

Drakens ögon smalnade. "Många har försökt och misslyckats. Vad gör er värdiga skatten?"

Jack tänkte efter en stund och talade sedan från sitt hjärta. "Vi söker inte skatten av girighet, utan för att bringa glädje och under till dem som inget har. Vi vill dela havets magi med världen."

Draken övervägde Jacks ord. Sedan, med en nick, klev den åt sidan och avslöjade en kista fylld med guld, juveler och urgamla artefakter. "Ni har bevisat er värdighet, Kapten Jack. Skatten är er. Använd den klokt."

Överlyckliga tackade Jack och Polly draken och tog försiktigt skatten. När de återvände till sitt skepp kände de en känsla av framgång och tillfredsställelse. De hade inte bara funnit skatten, utan också upptäckt den sanna meningen med deras uppdrag.

Med skatten ombord på Havsormen satte Jack och Polly segel hemåt. De använde skatten för att hjälpa de behövande, byggde skolor, sjukhus och bibliotek, och delade sina äventyr med alla de mötte. Öns magi verkade följa dem, och bringade glädje och hopp var de än gick.

Kapten Jack hade lärt sig att den största skatten inte var guldet och juvelerna, utan glädjen att hjälpa andra och de äventyr som delades med vänner. Och så, med ett hjärta fullt av drömmar och ett skepp fullt av under, fortsatte Kapten Jack och Polly sina resor, alltid sökande nya äventyr och spridande vänlighet över haven.

The Magic Candy Store

In the heart of a bustling city, nestled between a hat shop and a bakery, stood a small, unassuming sweet store called "Mr. Wiggly's Magical Sweets." The store looked ordinary enough from the outside, with its bright red door and large, sparkling windows. But everyone in the neighborhood knew that once you stepped inside, you were in for a treat like no other.

Mr. Wiggly, the owner, was a jolly old man with twinkling eyes and a bushy mustache that wiggled when he laughed. He wore colorful clothes that seemed to change color with his mood, and he always had a kind word and a sweet treat for anyone who visited his shop.

One rainy afternoon, a young girl named Emma stood outside the shop, staring longingly at the colorful sweets displayed in the window. Emma loved sweets more than anything, but her family couldn't afford to buy them very often. She watched as other children came out of the shop, their faces beaming with joy and their hands full of delicious candies.

Just as Emma was about to turn away, Mr. Wiggly opened the door and smiled warmly at her. "Hello there, young lady! Why don't you come inside and have a look around?"

Emma hesitated for a moment, then nodded and stepped inside. The moment she did, she was enveloped in a world of wonder. The air was filled with the sweet scent of sugar and spice, and every corner of the shop was lined with jars and jars of the most extraordinary sweets she had ever seen.

There were candies that sparkled like diamonds, chocolates that shaped into anything you imagined, and lollipops that changed colors with every lick. There were marshmallows that floated in the air and gummy bears that danced around playfully. It was like stepping into a dream.

Mr. Wiggly watched Emma's eyes widen with delight and chuckled. "Welcome to my magical sweet store, Emma. Here, every candy has a little bit of magic in it."

Emma turned to him in surprise. "How did you know my name?"

Mr. Wiggly's eyes twinkled. "Ah, that's one of the secrets of my shop. It knows the hearts of those who truly believe in magic."

He led Emma to a large, ornate jar filled with what looked like ordinary jelly beans. "These," he said, "are not just any jelly beans. They are Wish Beans. If you eat one and make a wish, it just might come true."

Emma's heart raced with excitement. "Really? Can I try one?"

"Of course," said Mr. Wiggly, handing her a small scoop. "But remember, the wish must come from your heart."

Emma took a deep breath, closed her eyes, and popped a jelly bean into her mouth. She wished with all her might for her family to have enough money to buy sweets and other nice things. As she chewed, she felt a warm, tingly sensation spread through her.

When she opened her eyes, Mr. Wiggly smiled at her. "Now, let's see what happens."

Emma thanked Mr. Wiggly and hurried home, her heart full of hope. When she arrived, she found her parents talking excitedly. "Emma!" her mother cried, "We just received wonderful news! Your father has been offered a new job that pays much better. We will be able to afford so many nice things now!"

Emma's eyes filled with tears of joy. Her wish had come true!

The next day, Emma returned to Mr. Wiggly's shop to thank him. "Your Wish Beans really work!" she exclaimed.

Mr. Wiggly winked at her. "Magic always works for those who believe in it."

From that day on, Emma visited the magical sweet store often, each time discovering new and wonderful treats. There were Fizzing Whizzbangs that made you feel like you were floating on air, and Whispering Chocolates that told you secrets in the softest voice. There were Rainbow Drops that painted the sky with colors and Giggle Gum that made you laugh uncontrollably.

But the most special of all were the Heart Candies. Mr. Wiggly explained that these candies had the power to spread love and kindness. "When you give a Heart Candy to someone, it makes them feel loved and appreciated," he said. "And the more you give, the more love you spread."

Emma loved the idea and decided to share the Heart Candies with everyone she knew. She gave one to her teacher, who always helped her with her homework, and another to the old lady down the street who always had a smile for her. She gave them to her friends, her family, and even to strangers she met.

Each time, she saw how the simple act of giving a Heart Candy brought happiness and warmth to the people around her. The magic of Mr. Wiggly's sweets was not just in their taste, but in the joy and love they spread.

Years went by, and Emma grew up, but she never forgot the lessons she learned from Mr. Wiggly's magical sweet store. She continued to believe in the magic of kindness and shared it wherever she went. And though she eventually moved away from the city, she carried the memory of the little sweet store and its jolly owner in her heart.

Magiska Godisbutiken

I hjärtat av en livlig stad, inbäddad mellan en hattbutik och ett bageri, stod en liten, anspråkslös godisaffär som kallades "Herr Wigglys Magiska Godis". Affären såg tillräckligt vanlig ut från utsidan, med sin ljusröda dörr och stora, gnistrande fönster. Men alla i kvarteret visste att när du väl klev in, väntade en upplevelse som ingen annan.

Herr Wiggly, ägaren, var en gladlynt gammal man med glittrande ögon och en buskig mustasch som vickade när han skrattade. Han bar färgglada kläder som verkade byta färg med hans humör, och han hade alltid ett vänligt ord och en söt godsak till alla som besökte hans affär.

En regnig eftermiddag stod en ung flicka vid namn Emma utanför affären och stirrade längtansfullt på de färgglada godisarna som visades i fönstret. Emma älskade godis mer än något annat, men hennes familj hade inte råd att köpa det så ofta. Hon såg på när andra barn kom ut ur affären, deras ansikten strålade av glädje och deras händer fulla av läckra godisar.

Precis när Emma var på väg att vända sig om öppnade Herr Wiggly dörren och log varmt mot henne. "Hej där, unga dam! Varför kommer du inte in och tittar runt?"

Emma tvekade ett ögonblick, men nickade sedan och klev in. I samma ögonblick omslöts hon av en värld av underverk. Luften var fylld med söt doft av socker och kryddor, och varje hörn av affären var fyllt med burkar och burkar av de mest extraordinära godisar hon någonsin hade sett.

Det fanns godisar som glittrade som diamanter, choklad som formade sig till vad du än föreställde dig, och klubbor som bytte färg vid varje slick. Det fanns marshmallows som svävade i luften och gelébjörnar som dansade runt lekfullt. Det var som att stiga in i en dröm.

Herr Wiggly såg hur Emmas ögon vidgades av förtjusning och skrattade. "Välkommen till min magiska godisaffär, Emma. Här har varje godis en liten bit magi i sig."

Emma vände sig förvånad mot honom. "Hur visste du mitt namn?"

Herr Wigglys ögon glittrade. "Åh, det är en av butikens hemligheter. Den känner hjärtat hos dem som verkligen tror på magi."

Han ledde Emma till en stor, utsmyckad burk fylld med vad som såg ut som vanliga gelébönor. "Dessa," sa han, "är inte bara några gelébönor. De är önskebönor. Om du äter en och önskar något, kan det gå i uppfyllelse."

Emmas hjärta bultade av upphetsning. "Verkligen? Kan jag prova en?"

"Självklart," sa Herr Wiggly och räckte henne en liten skopa. "Men kom ihåg, önskningen måste komma från ditt hjärta."

Emma tog ett djupt andetag, slöt ögonen och stoppade en geléböna i munnen. Hon önskade med all sin kraft att hennes familj skulle ha tillräckligt med pengar för att köpa godis och andra fina saker. När hon tuggade kände hon en varm, kittlande känsla sprida sig genom henne.

När hon öppnade ögonen log Herr Wiggly mot henne. "Nu får vi se vad som händer."

Emma tackade Herr Wiggly och skyndade hem, hennes hjärta fullt av hopp. När hon kom hem, fann hon sina föräldrar prata upprymt. "Emma!" ropade hennes mamma, "Vi har just fått underbara nyheter! Din pappa har fått ett nytt jobb som betalar mycket bättre. Vi kommer att kunna köpa så många fina saker nu!"

Emmas ögon fylldes av glädjetårar. Hennes önskan hade gått i uppfyllelse!

Nästa dag återvände Emma till Herr Wigglys butik för att tacka honom. "Dina önskebönor fungerar verkligen!" utropade hon.

Herr Wiggly blinkade åt henne. "Magi fungerar alltid för dem som tror på den."

Från den dagen besökte Emma den magiska godisaffären ofta, och varje gång upptäckte hon nya och underbara godsaker. Det fanns Fizzing Whizzbangs som fick en att känna sig som om man svävade i luften, och Whispering Chocolates som viskade hemligheter med den mjukaste röst. Det fanns regndroppar som målade himlen med färger och Giggle Gum som fick en att skratta okontrollerat.

Men de mest speciella av alla var hjärtgodisarna. Herr Wiggly förklarade att dessa godisar hade kraften att sprida kärlek och vänlighet. "När du ger ett hjärtgodis till någon, får det dem att känna sig älskade och uppskattade," sa han. "Och ju mer du ger, desto mer kärlek sprider du."

Emma älskade idén och bestämde sig för att dela hjärtgodisarna med alla hon kände. Hon gav ett till sin lärare, som alltid hjälpte henne med sina läxor, och ett annat till den gamla damen på gatan som alltid hade ett leende för henne. Hon gav dem till sina vänner, sin familj och till och med till främlingar hon mötte.

Varje gång såg hon hur den enkla handlingen att ge ett hjärtgodis förde lycka och värme till människorna omkring henne. Magin i Herr Wigglys godis låg inte bara i smaken, utan i glädjen och kärleken de spred.

Åren gick och Emma växte upp, men hon glömde aldrig de lärdomar hon hade fått från Herr Wigglys magiska godisaffär. Hon fortsatte att tro på vänlighetens magi och delade den vart hon än gick. Och även om hon så småningom flyttade bort från staden, bar hon med sig minnet av den lilla godisaffären och dess glada ägare i sitt hjärta.

Elli and the Big Adventure

In the heart of a lush, green jungle, lived a young elephant named Elli. Elli wasn't just any elephant; she was curious, adventurous, and always looking for fun. She had big, floppy ears, a long trunk that could reach the highest branches, and a heart as big as her imagination.

Every morning, Elli would wake up early to explore the jungle. She loved discovering new places, meeting new friends, and learning about the world around her. Her best friend was a mischievous monkey named Miko.

One sunny morning, as Elli and Miko were playing by the river, they noticed something strange. There was a sparkling object floating downstream, catching the sunlight and glinting like a diamond. "What do you think it is, Elli?" asked Miko, his eyes wide with curiosity.

"I don't know, but let's find out!" replied Elli, her trunk twitching with excitement.

They waded into the river and carefully retrieved the object. It was a beautiful, ornate key, unlike anything they had ever seen. The key was covered in intricate designs and glittered with tiny gems. "This must be a magic key," said Elli, holding it up to the light. "I wonder what it opens."

As they pondered the mystery, an old, wise turtle named Tiberius approached them. Tiberius had lived in the jungle for many years and knew all its secrets. "Ah, I see you have found the Lost Key of the Ancient Temple," he said in his slow, deep voice.

"The Lost Key of the Ancient Temple?" echoed Miko. "What's that?"

Tiberius smiled. "Long ago, there was a grand temple hidden deep within the jungle. It was said to hold great treasures and ancient wisdom. But over time, the temple was forgotten, and its key was lost. Many have tried to find it, but none have succeeded. Until now."

Elli and Miko exchanged excited glances. "Can you tell us where the temple is, Tiberius?" asked Elli.

The old turtle nodded. "Follow the path of the setting sun until you reach the Great Banyan Tree. There, you will find the entrance to the temple. But be warned, the journey is not easy. You will face many challenges and must prove your bravery and kindness."

Determined to find the temple, Elli and Miko set off on their adventure. They followed the sun as it dipped below the horizon, guiding them through the dense jungle. The path was long and winding, filled with twists and turns, but Elli's keen sense of direction and Miko's agility helped them navigate it.

Their first challenge came when they encountered a deep, fast-flowing river. The only way across was a rickety old bridge that looked like it could collapse at any moment. "We have to be careful, Miko," said Elli. "One wrong step and we could fall in."

With slow and steady steps, they crossed the bridge, feeling relieved when they reached the other side. "Phew, that was close!" said Miko, his heart still pounding.

Next, they came upon a dark, spooky cave. The entrance was covered in vines, and strange noises echoed from within. "Do you think we have to go in there?" whispered Miko, his voice trembling.

Elli nodded. "We can't turn back now. We've come too far."

Summoning their courage, they entered the cave. Inside, they found a labyrinth of tunnels and passageways, each one darker and more confusing than the last. But Elli's sharp memory and Miko's cleverness helped them find their way through.

Finally, they emerged from the cave and found themselves standing before the Great Banyan Tree. Its massive roots and branches stretched high into the sky, and at its base was a large, ornate door. "This must be the entrance to the temple," said Elli, holding up the key.

With trembling hands, she inserted the key into the lock and turned it. The door creaked open, revealing a long, dark corridor lined with ancient carvings and glowing crystals. They stepped inside, their eyes wide with wonder.

As they walked down the corridor, they came to a large chamber filled with treasures beyond their wildest dreams. There were golden statues, jeweled crowns, and chests overflowing with coins and gems. But in the center of the chamber stood a simple stone pedestal with an old, tattered book on top.

Elli approached the pedestal and opened the book. Inside, she found pages filled with wisdom and knowledge about the jungle and its inhabitants. There were stories of bravery, kindness, and the importance of protecting the natural world.

"This is the true treasure," said Elli, her eyes shining. "It's not the gold and jewels, but the wisdom and knowledge that we can use to help others."

Miko nodded in agreement. "Let's take the book and share its lessons with everyone in the jungle."

With the book in hand, Elli and Miko made their way back to their village, eager to share what they had learned. They gathered all their friends and family and told them about their adventure and the wisdom they had discovered.

From that day on, Elli and Miko became known as the heroes of the jungle. They used the knowledge from the ancient book to help protect the jungle and its inhabitants, teaching others about bravery, kindness, and the importance of working together.

Elli had always loved adventure, but she had discovered that the greatest adventure of all was using her heart and mind to make the world a better place. And so, with a heart full of dreams and a trunk full of treasures, Elli continued her journey, always ready for the next big adventure.

Elli och Den Stora Äventyrsresan

I hjärtat av en frodig, grön djungel bodde en ung elefant som hette Elli. Elli var inte vilken elefant som helst; hon var nyfiken, äventyrlig och alltid på jakt efter skoj. Hon hade stora, fladdrande öron, en lång snabel som kunde nå de högsta grenarna, och ett hjärta lika stort som hennes fantasi.

Varje morgon vaknade Elli tidigt för att utforska djungeln. Hon älskade att upptäcka nya platser, träffa nya vänner och lära sig om världen omkring sig. Hennes bästa vän var en busig apa som hette Miko.

En solig morgon, när Elli och Miko lekte vid floden, märkte de något märkligt. Det var ett gnistrande föremål som flöt nedströms, fångade solljuset och glittrade som en diamant. "Vad tror du att det är, Elli?" frågade Miko med stora, nyfikna ögon.

"Jag vet inte, men låt oss ta reda på det!" svarade Elli, hennes snabel ryckte av upphetsning.

De vadade ut i floden och hämtade försiktigt föremålet. Det var en vacker, utsmyckad nyckel, olik något de någonsin sett. Nyckeln var täckt av intrikata mönster och glittrade med små juveler. "Det här måste vara en magisk nyckel," sa Elli och höll upp den mot ljuset. "Jag undrar vad den öppnar."

Medan de funderade över mysteriet, närmade sig en gammal, vis sköldpadda vid namn Tiberius dem. Tiberius hade bott i djungeln i många år och kände till alla dess hemligheter. "Ah, jag ser att ni har funnit Den Förlorade Nyckeln till Det Forntida Templet," sa han med sin långsamma, djupa röst.

"Den Förlorade Nyckeln till Det Forntida Templet?" ekade Miko. "Vad är det?"

Tiberius log. "För länge sedan fanns det ett storslaget tempel gömt djupt inne i djungeln. Det sades innehålla stora skatter och forntida visdom. Men med tiden glömdes templet bort och dess nyckel förlorades. Många har försökt hitta det, men ingen har lyckats. Förrän nu."

Elli och Miko utbytte spända blickar. "Kan du berätta var templet finns, Tiberius?" frågade Elli.

Den gamla sköldpaddan nickade. "Följ solens väg tills ni når Det Stora Banyanträdet. Där kommer ni att hitta ingången till templet. Men var varnad, resan är inte lätt. Ni kommer att möta många utmaningar och måste bevisa er mod och vänlighet."

Fast beslutna att hitta templet gav sig Elli och Miko iväg på sitt äventyr. De följde solen när den sjönk nedanför horisonten, vilket ledde dem genom den täta djungeln. Stigen var lång och slingrande, full av krökar och svängar, men Ellis skarpa sinnesriktning och Mikos smidighet hjälpte dem att navigera den.

Deras första utmaning kom när de stötte på en djup, snabbt strömmande flod. Den enda vägen över var en skranglig gammal bro som såg ut att kunna kollapsa när som helst. "Vi måste vara försiktiga, Miko," sa Elli. "Ett felsteg och vi kan falla i."

Med långsamma och stadiga steg korsade de bron och kände lättnad när de nådde andra sidan. "Puh, det var nära!" sa Miko, hans hjärta fortfarande bultande.

Nästa utmaning var en mörk, kuslig grotta. Ingången var täckt av lianer, och konstiga ljud ekade från dess inre. "Tror du att vi måste gå in där?" viskade Miko, hans röst darrande.

Elli nickade. "Vi kan inte vända tillbaka nu. Vi har kommit för långt."

Med uppbåd av sitt mod gick de in i grottan. Inne fann de en labyrint av tunnlar och passager, var och en mörkare och mer förvirrande än den förra. Men Ellis skarpa minne och Mikos klurighet hjälpte dem att hitta vägen igenom.

Till slut kom de ut ur grottan och fann sig stående framför Det Stora Banyanträdet. Dess massiva rötter och grenar sträckte sig högt upp i himlen, och vid dess bas fanns en stor, utsmyckad dörr. "Detta måste vara ingången till templet," sa Elli och höll upp nyckeln.

Med darrande händer satte hon nyckeln i låset och vred om. Dörren knarrade upp och avslöjade en lång, mörk korridor kantad av forntida sniderier och glödande kristaller. De steg in, deras ögon vidgade av förundran.

När de gick nerför korridoren kom de till en stor kammare fylld med skatter bortom deras vildaste drömmar. Där fanns gyllene statyer, juvelbeströdda kronor och kistor som flödade över med mynt och ädelstenar. Men i mitten av kammaren stod en enkel stenpiedestal med en gammal, sliten bok ovanpå.

Elli närmade sig piedestalen och öppnade boken. Inuti fann hon sidor fyllda med visdom och kunskap om djungeln och dess invånare. Det fanns berättelser om mod, vänlighet och vikten av att skydda den naturliga världen.

"Detta är den sanna skatten," sa Elli, hennes ögon glänsande. "Det är inte guldet och juvelerna, utan visdomen och kunskapen som vi kan använda för att hjälpa andra."

Miko nickade instämmande. "Låt oss ta boken och dela dess lärdomar med alla i djungeln."

Med boken i handen tog Elli och Miko sig tillbaka till sin by, ivriga att dela vad de hade lärt sig. De samlade alla sina vänner och familj och berättade om sitt äventyr och visdomen de hade upptäckt.

Från den dagen blev Elli och Miko kända som hjältarna i djungeln. De använde kunskapen från den forntida boken för att hjälpa till att skydda djungeln och dess invånare, och lärde andra om mod, vänlighet och vikten av att arbeta tillsammans.

Elli hade alltid älskat äventyr, men hon hade upptäckt att det största äventyret av alla var att använda sitt hjärta och sinne för att göra världen till en bättre plats. Och så, med ett hjärta fullt av drömmar och en snabel full av skatter, fortsatte Elli sin resa, alltid redo för nästa stora äventyr.

Torben and the Glimmering Apple

In a deep, misty forest, there lived a young troll named Torben. Unlike most trolls, Torben was kind-hearted, curious, and loved to help others. He had bright green skin, large ears, and a tuft of blue hair that always stood on end. Torben's best friend was a wise old owl named Olivia, who often joined him on his adventures.

One sunny morning, Torben woke up to the sound of birds chirping and leaves rustling. He stretched his arms wide and looked out of his cozy cave. "Today feels like a perfect day for an adventure," he thought.

As he stepped outside, he noticed a strange, shimmering light coming from deep within the forest. His curiosity piqued, Torben decided to follow the light to its source. He called out to Olivia, who swooped down from her perch high in a tree.

"Good morning, Torben! Where are you off to today?" Olivia asked, her eyes twinkling with curiosity.

"Good morning, Olivia! I saw something shiny deep in the forest. Do you want to come with me to check it out?" Torben replied.

"Of course! I love a good mystery," said Olivia, and together they set off into the forest.

As they ventured deeper into the woods, the trees grew taller and the light grew brighter. They walked for what felt like hours, but Torben's excitement kept him going. Finally, they reached a small clearing where a beautiful, glistening apple hung from a low branch of an ancient tree.

"Wow! Look at that apple! It's the most beautiful thing I've ever seen," Torben exclaimed, his eyes wide with wonder.

Olivia nodded in agreement. "It is indeed extraordinary. But be careful, Torben. Sometimes the most beautiful things can be the most dangerous."

Ignoring Olivia's warning, Torben reached out and plucked the apple from the tree. The moment he touched it, a burst of light enveloped him, and he found himself standing in a completely different place. The forest was gone, replaced by a vast, golden meadow filled with strange, glowing flowers.

"Where am I?" Torben wondered aloud.

"You are in the Enchanted Meadow," said a soft, melodic voice. Torben turned to see a tiny fairy with iridescent wings fluttering beside him. "My name is Elara. You have found the Glimmering Apple, a magical fruit that can grant wishes."

Torben's eyes widened. "Wishes? Does that mean I can wish for anything?"

Elara smiled. "Yes, but you must be careful. The apple's magic is powerful, and it can be dangerous if not used wisely."

Torben thought for a moment. He had always dreamed of being able to help the creatures of the forest in a bigger way. "I wish to have the power to make the forest a better place for everyone," he said finally.

The apple glowed even brighter, and Torben felt a warm, tingling sensation spread through his body. When the light faded, he found himself back in the forest with Olivia, who looked at him with concern.

"Are you alright, Torben? You disappeared for a moment!" she exclaimed.

Torben smiled and held up the glowing apple. "I'm fine, Olivia. And I think I just made a very important wish."

Together, they returned to their village, where Torben discovered the true extent of his new powers. He could make flowers bloom with a touch, heal injured animals, and even make trees grow tall and strong. The creatures of the forest soon learned of Torben's new abilities, and they came to him for help.

One day, a young rabbit named Ruby hopped up to Torben, her eyes filled with tears. "Torben, my home has been destroyed by a storm. Can you help me?"

Torben nodded and followed Ruby to her burrow, which had been flooded by the rain. With a wave of his hand, he cleared the water and repaired the damage. Ruby's eyes sparkled with gratitude. "Thank you, Torben! You're a true hero."

News of Torben's kindness spread throughout the forest, and soon he was helping animals of all shapes and sizes. He built homes for the homeless, found food for the hungry, and even created a beautiful garden where everyone could gather and play.

But Torben never forgot the warning Elara had given him. He always used his powers with care and kindness, never for selfish reasons. And because of that, the forest flourished like never before. The animals were happy and healthy, and the trees grew tall and strong.

One evening, as Torben and Olivia sat by the river, watching the sunset, Olivia turned to him and said, "You have done so much good for our home, Torben. The forest is truly a better place because of you."

Torben smiled modestly. "I couldn't have done it without the help and support of all my friends."

Just then, a familiar soft, melodic voice filled the air. "You have used the apple's magic wisely, Torben. You have brought happiness and harmony to the forest." Elara appeared before them, her wings shimmering in the fading light.

"I only did what felt right," Torben said.

Elara nodded. "And that is why you are so special. As a reward, I grant you one final wish."

Torben thought for a moment. He had everything he needed and more. But there was one thing he wished for, more than anything. "I wish for everyone in the forest to always be happy and safe," he said.

The Glimmering Apple glowed brightly one last time, and a wave of magic spread through the forest. The animals cheered and celebrated, knowing that their home would always be a place of joy and safety.

From that day on, Torben continued to help his friends and protect the forest. He became known as the kindest and wisest troll in the land, and his story was told for generations. And every time a child heard the tale of Torben and the Glimmering Apple, they were reminded of the power of kindness and the importance of using magic wisely.

Torben and Olivia remained best friends, always ready for the next adventure. And as they explored the wonders of their enchanted forest, they knew that no matter what challenges they faced, they would always have each other and the magic of the Glimmering Apple to guide them.

Torben och Det Glittrande Äpplet

I en djup, dimmig skog bodde en ung troll som hette Torben. Till skillnad från de flesta troll var Torben godhjärtad, nyfiken och älskade att hjälpa andra. Han hade ljusgrön hud, stora öron och en tofs av blått hår som alltid stod på ända. Torbens bästa vän var en vis gammal uggla som hette Olivia, som ofta följde med honom på hans äventyr.

En solig morgon vaknade Torben till ljudet av fåglar som kvittrade och löv som prasslade. Han sträckte ut sina armar och tittade ut ur sin mysiga grotta. "Idag känns som en perfekt dag för ett äventyr," tänkte han.

När han steg ut märkte han ett märkligt, skimrande ljus som kom djupt inne från skogen. Hans nyfikenhet väcktes, och Torben bestämde sig för att följa ljuset till dess källa. Han ropade på Olivia, som svepte ner från sin sittplats högt upp i ett träd.

"God morgon, Torben! Vart är du på väg idag?" frågade Olivia, hennes ögon glittrade av nyfikenhet.

"God morgon, Olivia! Jag såg något glänsande djupt inne i skogen. Vill du följa med mig och kolla vad det är?" svarade Torben.

"Så klart! Jag älskar ett bra mysterium," sa Olivia, och tillsammans gav de sig iväg in i skogen.

När de vandrade djupare in i skogen blev träden högre och ljuset blev starkare. De gick i vad som kändes som timmar, men Torbens upphetsning höll honom igång. Slutligen nådde de en liten glänta där ett vackert, glittrande äpple hängde från en låg gren på ett gammalt träd.

"Wow! Titta på det där äpplet! Det är det vackraste jag någonsin sett," utbrast Torben, hans ögon stora av förundran.

Olivia nickade instämmande. "Det är verkligen extraordinärt. Men var försiktig, Torben. Ibland kan de vackraste sakerna vara de farligaste."

Ignorerande Olivias varning sträckte Torben ut handen och plockade äpplet från trädet. I samma ögonblick som han rörde vid det, omslöt en ljusglimt honom, och han befann sig plötsligt på en helt annan plats. Skogen var borta, ersatt av en vidsträckt, gyllene äng fylld med märkliga, lysande blommor.

"Var är jag?" undrade Torben högt.

"Du är i Den Förtrollade Ängen," sa en mjuk, melodisk röst. Torben vände sig om och såg en liten älva med skimrande vingar sväva bredvid honom. "Mitt namn är Elara. Du har funnit Det Glittrande Äpplet, en magisk frukt som kan uppfylla önskningar."

Torbens ögon vidgades. "Önskningar? Betyder det att jag kan önska mig vad som helst?"

Elara log. "Ja, men du måste vara försiktig. Äpplets magi är kraftfull, och det kan vara farligt om det inte används klokt."

Torben tänkte en stund. Han hade alltid drömt om att kunna hjälpa skogens varelser på ett större sätt. "Jag önskar att ha kraften att göra skogen till en bättre plats för alla," sa han till slut.

Äpplet glödde ännu starkare, och Torben kände en varm, kittlande känsla sprida sig genom kroppen. När ljuset försvann, fann han sig tillbaka i skogen med Olivia, som såg på honom med oro.

"Är du okej, Torben? Du försvann för ett ögonblick!" utbrast hon.

Torben log och höll upp det glödande äpplet. "Jag mår bra, Olivia. Och jag tror att jag just gjorde en väldigt viktig önskan."

Tillsammans återvände de till sin by, där Torben upptäckte omfattningen av sina nya krafter. Han kunde få blommor att blomma med en beröring, läka skadade djur och till och med få träd att växa höga och starka. Skogens varelser lärde sig snabbt om Torbens nya förmågor, och de kom till honom för hjälp.

En dag kom en ung kanin vid namn Ruby skuttande fram till Torben, hennes ögon fyllda med tårar. "Torben, mitt hem har förstörts av en storm. Kan du hjälpa mig?"

Torben nickade och följde Ruby till hennes gryt, som hade översvämmats av regnet. Med en våg av handen rensade han bort vattnet och reparerade skadorna. Rubys ögon glittrade av tacksamhet. "Tack, Torben! Du är en riktig hjälte."

Nyheten om Torbens vänlighet spred sig över hela skogen, och snart hjälpte han djur av alla former och storlekar. Han byggde hem för de hemlösa, fann mat åt de hungriga och skapade till och med en vacker trädgård där alla kunde samlas och leka.

Men Torben glömde aldrig den varning Elara hade gett honom. Han använde alltid sina krafter med omsorg och vänlighet, aldrig för själviska skäl. Och på grund av det blomstrade skogen som aldrig förr. Djuren var glada och friska, och träden växte höga och starka.

En kväll, när Torben och Olivia satt vid floden och tittade på solnedgången, vände sig Olivia till honom och sa, "Du har gjort så mycket gott för vårt hem, Torben. Skogen är verkligen en bättre plats tack vare dig."

Torben log blygsamt. "Jag kunde inte ha gjort det utan hjälp och stöd från alla mina vänner."

Just då fyllde en bekant mjuk, melodisk röst luften. "Du har använt äpplets magi klokt, Torben. Du har bringat lycka och harmoni till skogen." Elara uppenbarade sig framför dem, hennes vingar skimrande i det avtagande ljuset.

"Jag gjorde bara det som kändes rätt," sa Torben.

Elara nickade. "Och det är därför du är så speciell. Som belöning ger jag dig en sista önskan."

Torben tänkte en stund. Han hade allt han behövde och mer. Men det fanns en sak han önskade mer än något annat. "Jag önskar att alla i skogen alltid ska vara glada och säkra," sa han.

Det Glittrande Äpplet glödde starkt en sista gång, och en våg av magi spred sig genom skogen. Djuren jublade och firade, vetande att deras hem alltid skulle vara en plats för glädje och säkerhet.

Från den dagen fortsatte Torben att hjälpa sina vänner och skydda skogen. Han blev känd som det vänligaste och klokaste trollet i landet, och hans historia berättades i generationer. Och varje gång ett barn hörde berättelsen om Torben och Det Glittrande Äpplet, påmindes de om vänlighetens kraft och vikten av att använda magi klokt.

Torben och Olivia förblev bästa vänner, alltid redo för nästa äventyr. Och när de utforskade sin förtrollade skogs underverk, visste de att oavsett vilka utmaningar de mötte, skulle de alltid ha varandra och Det Glittrande Äpplets magi för att vägleda dem.

Mia and the Magical Waterfall

In the heart of a mysterious forest, hidden from the eyes of most, there was a magical waterfall known only to a few. This waterfall wasn't like any other; it shimmered with colors of the rainbow and whispered secrets of old. It was said that anyone who discovered the waterfall and drank from its waters would be granted a single wish.

Mia was a curious and adventurous girl who loved exploring the forest near her home. She had long, dark hair that she tied up in a messy bun and bright blue eyes that sparkled with excitement. Mia's best friend was a talking squirrel named Sammy, who was always by her side during her adventures.

One sunny afternoon, as Mia and Sammy were playing near the edge of the forest, they overheard two birds chatting excitedly about the magical waterfall. "Did you hear? The waterfall grants wishes!" chirped one bird.

"Yes, but it's hidden deep within the forest, and only the brave can find it," replied the other.

Mia's eyes lit up with curiosity. "Sammy, did you hear that? We have to find that waterfall!" she exclaimed.

Sammy's eyes widened. "Are you sure, Mia? The forest is huge, and we don't even know where to start looking."

But Mia was determined. "It'll be an adventure, Sammy! Besides, we might be able to make a wish that can help everyone in our village."

With a mix of excitement and determination, Mia and Sammy set off on their quest to find the magical waterfall. They walked deeper into the forest, following the sound of the birds' chatter and the whispers of the trees. The journey was long and filled with twists and turns, but Mia's sense of adventure kept her spirits high.

As they ventured deeper, they encountered various challenges. First, they came across a rickety old bridge that looked like it could collapse at any moment. "We have to be careful, Sammy," Mia said, taking slow and steady steps.

Sammy clung to Mia's shoulder, his tiny heart pounding. "I hope this bridge holds!"

With great care, they crossed the bridge and continued their journey. Next, they found themselves in a dark, spooky cave. The entrance was covered in thick vines, and strange noises echoed from within. "Do you think we have to go through there?" Sammy whispered, his voice trembling.

Mia nodded. "We can't turn back now. We've come too far."

Summoning their courage, they entered the cave. Inside, they found a labyrinth of tunnels and passageways, each one darker and more confusing than the last. But Mia's sharp memory and Sammy's keen sense of direction helped them navigate through.

Finally, they emerged from the cave and found themselves in a breathtaking clearing. In the center stood the magical waterfall, its waters shimmering with every color of the rainbow. Mia and Sammy gazed in awe, their hearts filled with wonder.

"We found it, Sammy! We really found it!" Mia exclaimed, her voice filled with joy.

Sammy nodded, his eyes wide with amazement. "It's even more beautiful than I imagined."

With trembling hands, Mia cupped some of the sparkling water and took a sip. As soon as the water touched her lips, she felt a warm, tingling sensation spread through her body. A gentle, melodic voice filled the air. "You have found the magical waterfall. What is your wish?"

Mia closed her eyes and thought about all the things she could wish for. But she remembered her village and all the people who had helped her. She wanted to give back to them. "I wish for our village to always have enough food and water, so no one will ever go hungry or thirsty again," she said.

The waterfall glowed even brighter, and a wave of magic spread through the forest, reaching the village. Mia and Sammy could feel the change in the air, as if the whole forest had come alive with happiness.

"Your wish is granted," the voice said. "Your village will always be prosperous and happy."

Mia and Sammy made their way back home, feeling proud and accomplished. When they reached the village, they found it transformed. The fields were lush with crops, and the rivers flowed with clear, sparkling water. The villagers rejoiced, and Mia was hailed as a hero.

From that day on, Mia's village never faced hunger or drought again. The magical waterfall had fulfilled her wish, and the villagers lived in harmony and abundance. Mia and Sammy continued to explore the forest, always ready for the next adventure.

Mia had learned that true magic lies in selflessness and the desire to help others. And so, with a heart full of love and a spirit full of adventure, she continued to make the world a better place, one wish at a time.

Mia och Det Magiska Vattenfallet

I hjärtat av en mystisk skog, dold för de flesta ögon, fanns ett magiskt vattenfall som bara några få kände till. Detta vattenfall var inte som något annat; det skimrade i regnbågens färger och viskade gamla hemligheter. Det sades att den som upptäckte vattenfallet och drack av dess vatten skulle få en enda önskan uppfylld.

Mia var en nyfiken och äventyrlig flicka som älskade att utforska skogen nära sitt hem. Hon hade långt, mörkt hår som hon knöt upp i en rufsig knut och ljusblå ögon som glittrade av spänning. Mias bästa vän var en talande ekorre som hette Sammy, som alltid var vid hennes sida under deras äventyr.

En solig eftermiddag, när Mia och Sammy lekte nära skogskanten, överhörde de två fåglar som pratade ivrigt om det magiska vattenfallet. "Har du hört? Vattenfallet uppfyller önskningar!" kvittrade en fågel.

"Ja, men det är gömt djupt inne i skogen, och bara de modiga kan hitta det," svarade den andra.

Mias ögon lyste av nyfikenhet. "Sammy, hörde du det? Vi måste hitta det där vattenfallet!" utbrast hon.

Sammys ögon vidgades. "Är du säker, Mia? Skogen är enorm, och vi vet inte ens var vi ska börja leta."

Men Mia var fast besluten. "Det blir ett äventyr, Sammy! Dessutom kanske vi kan göra en önskan som kan hjälpa alla i vår by."

Med en blandning av spänning och beslutsamhet gav sig Mia och Sammy iväg på sin jakt efter det magiska vattenfallet. De gick djupare in i skogen, följde fåglarnas prat och trädens viskningar. Resan var lång och fylld av krökningar och svängar, men Mias äventyrslusta höll henne på gott humör.

När de vandrade djupare stötte de på olika utmaningar. Först kom de till en skranglig gammal bro som såg ut att kunna kollapsa när som helst. "Vi måste vara försiktiga, Sammy," sa Mia och tog långsamma och stadiga steg.

Sammy klamrade sig fast vid Mias axel, hans lilla hjärta bultande. "Jag hoppas att den här bron håller!"

Med stor försiktighet korsade de bron och fortsatte sin resa. Nästa hinder var en mörk, kuslig grotta. Ingången var täckt av tjocka rankor, och konstiga ljud ekade inifrån. "Tror du att vi måste gå igenom där?" viskade Sammy, hans röst skälvande.

Mia nickade. "Vi kan inte vända om nu. Vi har kommit för långt."

Med samlad mod gick de in i grottan. Inne fann de en labyrint av tunnlar och gångar, var och en mörkare och mer förvirrande än den förra. Men Mias skarpa minne och Sammys goda orienteringsförmåga hjälpte dem att hitta rätt.

Slutligen kom de ut ur grottan och fann sig stående i en fantastisk glänta. I mitten stod det magiska vattenfallet, dess vatten skimrade i regnbågens alla färger. Mia och Sammy stirrade förundrat, deras hjärtan fyllda av beundran.

"Vi hittade det, Sammy! Vi hittade det verkligen!" utbrast Mia, hennes röst fylld av glädje.

Sammy nickade, hans ögon stora av förvåning. "Det är ännu vackrare än jag kunde föreställa mig."

Med darrande händer kupade Mia lite av det gnistrande vattnet och tog en klunk. Så snart vattnet rörde vid hennes läppar, kände hon en varm, kittlande känsla sprida sig genom kroppen. En mild, melodisk röst fyllde luften. "Du har funnit det magiska vattenfallet. Vad är din önskan?"

Mia slöt ögonen och tänkte på allt hon kunde önska sig. Men hon mindes sin by och alla människor som hade hjälpt henne. Hon ville ge något tillbaka till dem. "Jag önskar att vår by alltid ska ha tillräckligt med mat och vatten, så att ingen någonsin behöver vara hungrig eller törstig igen," sa hon.

Vattenfallet glödde ännu starkare, och en våg av magi spred sig genom skogen och nådde byn. Mia och Sammy kunde känna förändringen i luften, som om hela skogen hade fyllts med glädje.

"Din önskan är uppfylld," sa rösten. "Din by kommer alltid att vara välmående och lycklig."

Mia och Sammy gav sig iväg hemåt, stolta och nöjda. När de nådde byn, fann de den förvandlad. Fälten var frodiga med grödor, och floderna flödade med klart, gnistrande vatten. Byborna jublade, och Mia hyllades som en hjälte.

Från den dagen mötte Mias by aldrig hunger eller torka igen. Det magiska vattenfallet hade uppfyllt hennes önskan, och byborna levde i harmoni och överflöd. Mia och Sammy fortsatte att utforska skogen, alltid redo för nästa äventyr.

Mia hade lärt sig att sann magi ligger i osjälviskhet och viljan att hjälpa andra. Och så, med ett hjärta fullt av kärlek och en själ fylld av äventyr, fortsatte hon att göra världen till en bättre plats, en önskan i taget.

Emma's Magical Shoes

———

Emma was a girl like no other. She had wild curly hair, bright green eyes, and a heart full of dreams. She lived in a small village at the edge of a vast forest, where everyone knew everyone, and nothing much ever changed. But Emma longed for adventure and excitement beyond the village boundaries.

One day, as Emma was exploring a dusty old attic in her grandmother's house, she stumbled upon a small, ornate box tucked away in a corner. The box was covered in dust and cobwebs, but it had intricate carvings of stars and moons. Emma's curiosity got the better of her, and she opened the box. Inside, she found a pair of the most unusual shoes she had ever seen.

The shoes were a deep, shimmering purple with golden laces that sparkled like sunlight. They were small and delicate, looking as though they were made just for her. Emma tried them on, and to her delight, they fit perfectly. As soon as she laced them up, she felt a strange tingling sensation in her feet.

"These shoes feel magical," Emma whispered to herself, excitement bubbling up inside her.

That evening, Emma's grandmother noticed the shoes. "Where did you find those, dear?" she asked, her eyes widening with surprise.

"In the attic, Grandma," Emma replied. "Do you know anything about them?"

Her grandmother smiled softly. "Those shoes belonged to your great-grandmother. They are said to have special powers. They can take you anywhere you wish to go."

Emma's eyes lit up with wonder. "Anywhere?"

"Yes, but you must use them wisely and only for good," her grandmother warned.

The next morning, Emma couldn't wait to try out her new shoes. She stood in the middle of her room, closed her eyes, and thought about the one place she had always wanted to visit—the top of Rainbow Mountain. It was a place of legend, said to be the most beautiful spot in the world.

"Take me to Rainbow Mountain," Emma whispered, and as soon as the words left her lips, she felt herself lifted off the ground. A whirlwind of colors swirled around her, and in an instant, she was standing at the base of Rainbow Mountain.

The mountain was even more magnificent than she had imagined. It was covered in flowers of every color, and a gentle mist rose from the ground, making the whole place look like a dream. Emma started to climb, her magical shoes making the journey easy and effortless. She felt light as a feather, and with each step, she was filled with a sense of wonder and excitement.

As she reached the top, she saw a group of people gathered around a large, shimmering pool. They looked worried and anxious. Emma approached them, curious to see what was wrong.

"Hello," she said. "I'm Emma. Is there something I can help with?"

An old woman stepped forward. "Our village depends on this pool for water, but it has started to dry up. Without it, we will have no water to drink or grow our crops."

Emma looked at the pool and saw that it was indeed very low. She felt a pang of sadness for the villagers and wanted to help. Remembering her grandmother's words about using the shoes for good, she closed her eyes and wished with all her heart for the pool to be filled with water again.

"Please, magic shoes, help this village," she whispered.

Suddenly, the ground beneath her feet began to tremble, and a gentle rain started to fall from the sky. The villagers watched in awe as the pool began to fill with clear, sparkling water. They cheered and thanked Emma, their faces beaming with joy and gratitude.

"You have saved us," the old woman said, tears of happiness in her eyes. "How can we ever repay you?"

Emma smiled. "Seeing you all happy is the best reward I could ask for."

With the village's problem solved, Emma decided it was time to return home. She clicked her heels together and whispered,

"Take me back home." In an instant, she was back in her room, feeling proud and happy about her adventure.

Over the next few weeks, Emma used her magical shoes to explore many wonderful places and help people in need. She visited enchanted forests, sparkling lakes, and bustling cities. She helped a lost kitten find its way home, brought rain to a drought-stricken land, and even helped a group of children build a magical treehouse.

But one day, Emma's shoes began to lose their sparkle. The golden laces no longer shone as brightly, and the deep purple color started to fade. She realized that the magic in the shoes was running out.

Worried, Emma went to her grandmother for advice. "Grandma, my shoes are losing their magic. What should I do?"

Her grandmother smiled gently. "Magic is a precious thing, Emma. It's not meant to last forever. But you've used it wisely and have done so much good. Now it's time for you to find the magic within yourself."

Emma nodded, understanding what her grandmother meant. She had learned so much from her adventures and had grown braver and kinder. She didn't need the shoes to make a difference; she had the power to help others all along.

From that day on, Emma continued to explore and help those in need, not with magical shoes, but with her own courage and kindness. She became known as the girl with the heart of gold, and her village was proud to have her.

And though the magical shoes no longer sparkled, Emma kept them as a reminder of the adventures they had shared and the lessons she had learned. She knew that true magic didn't come from shoes or spells, but from the goodness inside each and every one of us.

Emmas Magiska Skor

Emma var en flicka som ingen annan. Hon hade vilt lockigt hår, ljusgröna ögon och ett hjärta fullt av drömmar. Hon bodde i en liten by vid kanten av en vidsträckt skog, där alla kände alla, och ingenting förändrades särskilt mycket. Men Emma längtade efter äventyr och spänning bortom byns gränser.

En dag, när Emma utforskade en dammig gammal vind i sin mormors hus, snubblade hon över en liten, utsmyckad låda som var gömd i ett hörn. Lådan var täckt av damm och spindelväv, men den hade intrikata sniderier av stjärnor och månar. Emmas nyfikenhet tog överhand, och hon öppnade lådan. Inuti fann hon ett par av de mest ovanliga skor hon någonsin sett.

Skorna var djupt skimrande lila med gyllene skosnören som gnistrade som solljus. De var små och ömtåliga, och det såg ut som om de var gjorda just för henne. Emma provade dem, och till sin förtjusning passade de perfekt. Så snart hon snörde dem kände hon en märklig kittlande känsla i fötterna.

"De här skorna känns magiska," viskade Emma för sig själv, med spänning bubblande inuti henne.

Den kvällen märkte Emmas mormor skorna. "Var hittade du de där, kära du?" frågade hon, med ögon som vidgades av förvåning.

"På vinden, mormor," svarade Emma. "Vet du något om dem?"

Hennes mormor log mjukt. "De där skorna tillhörde din gammelmormor. Det sägs att de har speciella krafter. De kan ta dig vart du än önskar att gå."

Emmas ögon lyste av förundran. "Vart som helst?"

"Ja, men du måste använda dem klokt och bara för gott," varnade hennes mormor.

Nästa morgon kunde Emma knappt vänta med att prova sina nya skor. Hon stod mitt i sitt rum, slöt ögonen och tänkte på den plats hon alltid velat besöka – toppen av Regnbågsberget. Det var en plats av legender, som sägs vara den vackraste platsen i världen.

"Ta mig till Regnbågsberget," viskade Emma, och så snart orden lämnade hennes läppar, kände hon sig lyft från marken. En virvelvind av färger snurrade runt henne, och på ett ögonblick stod hon vid foten av Regnbågsberget.

Berget var ännu mer magnifikt än hon hade föreställt sig. Det var täckt av blommor i alla färger, och en mild dimma steg från marken och fick hela platsen att se ut som en dröm. Emma började klättra, och hennes magiska skor gjorde resan lätt och bekymmerslös. Hon kände sig lätt som en fjäder, och med varje steg fylldes hon av en känsla av förundran och spänning.

När hon nådde toppen såg hon en grupp människor samlade runt en stor, skimrande pool. De såg oroliga och bekymrade ut. Emma närmade sig dem, nyfiken på att se vad som var fel.

"Hej," sa hon. "Jag heter Emma. Är det något jag kan hjälpa till med?"

En gammal kvinna klev fram. "Vår by är beroende av denna pool för vatten, men den har börjat torka ut. Utan den kommer vi inte att ha något vatten att dricka eller odla våra grödor."

Emma tittade på poolen och såg att den verkligen var mycket låg. Hon kände en sorg för byborna och ville hjälpa till. Hon mindes sin mormors ord om att använda skorna för gott, slöt ögonen och önskade med hela sitt hjärta att poolen skulle fyllas med vatten igen.

"Snälla, magiska skor, hjälp denna by," viskade hon.

Plötsligt började marken under hennes fötter att darra, och ett milt regn började falla från himlen. Byborna såg förundrat på medan poolen började fyllas med klart, gnistrande vatten. De jublade och tackade Emma, deras ansikten strålade av glädje och tacksamhet.

"Du har räddat oss," sa den gamla kvinnan, med tårar av lycka i ögonen. "Hur kan vi någonsin återgälda dig?"

Emma log. "Att se er alla glada är den bästa belöning jag kan få."

Med byns problem löst bestämde Emma att det var dags att återvända hem. Hon klickade ihop klackarna och viskade, "Ta mig hem igen." På ett ögonblick var hon tillbaka i sitt rum, stolt och glad över sitt äventyr.

Under de följande veckorna använde Emma sina magiska skor för att utforska många underbara platser och hjälpa människor i nöd. Hon besökte förtrollade skogar, gnistrande sjöar och livliga städer. Hon hjälpte en borttappad kattunge att hitta hem, förde regn till ett torkdrabbat land, och hjälpte till och med en grupp barn att bygga en magisk trädkoja.

Men en dag började Emmas skor att tappa sin glans. De gyllene skosnörena gnistrade inte längre lika starkt, och den djupa lila färgen började blekna. Hon insåg att magin i skorna höll på att ta slut.

Oroad gick Emma till sin mormor för råd. "Mormor, mina skor håller på att tappa sin magi. Vad ska jag göra?"

Hennes mormor log milt. "Magin är en dyrbar sak, Emma. Den är inte menad att vara för evigt. Men du har använt den klokt och gjort så mycket gott. Nu är det dags för dig att hitta magin inom dig själv."

Emma nickade, förstående vad hennes mormor menade. Hon hade lärt sig så mycket av sina äventyr och hade blivit modigare och vänligare. Hon behövde inte skorna för att göra skillnad; hon hade alltid haft kraften att hjälpa andra inom sig själv.

Från den dagen fortsatte Emma att utforska och hjälpa dem i nöd, inte med magiska skor, utan med sitt eget mod och sin vänlighet. Hon blev känd som flickan med hjärtat av guld, och hennes by var stolt över henne.

Och även om de magiska skorna inte längre glittrade, behöll Emma dem som en påminnelse om de äventyr de hade delat och de lärdomar hon hade fått. Hon visste att sann magi inte kom från skor eller trollformler, utan från godheten inom var och en av oss.

Clara and the Enchanted Ballet Shoes

Once upon a time, in a bustling town filled with laughter and chatter, there lived a young girl named Clara. Clara was a spirited girl with golden hair and bright blue eyes that sparkled like the morning sun. Her greatest dream was to become a famous ballerina and dance on the grandest stages of the world.

Clara's family was not wealthy, but they were loving and supportive. Her mother worked as a seamstress, and her father was a baker. Despite their modest means, they always encouraged Clara to follow her dreams. Every day after school, Clara would rush to the tiny ballet studio at the end of the street, where Madame Bianca, a former prima ballerina, taught dance to the town's children.

Madame Bianca saw something special in Clara. She had a natural grace and passion for dance that was rare for someone her age. Clara practiced diligently, dreaming of the day she would wear beautiful ballet costumes and perform for an adoring audience.

One crisp autumn afternoon, as Clara was walking home from her ballet class, she noticed an old, dusty shop she had never seen before. The sign above the door read, "Enchanted Treasures." Intrigued, Clara pushed the creaky door open and stepped inside.

The shop was filled with all sorts of oddities and trinkets. Shelves lined the walls, packed with items that glimmered and shone in the dim light. At the back of the shop, Clara spotted a pair of delicate pink ballet shoes that seemed to glow with a soft, magical light.

"May I help you, dear?" a gentle voice said, startling Clara.

She turned to see a kind old woman with twinkling eyes standing behind the counter. "Oh, I'm sorry to intrude," Clara stammered. "I was just looking at these beautiful ballet shoes."

The old woman smiled warmly. "Those are no ordinary ballet shoes, my dear. They are enchanted and can make any dancer's dreams come true. But they come with a condition: they will only work for someone with a pure heart and a true passion for dance."

Clara's heart skipped a beat. "I love to dance more than anything in the world," she said earnestly.

The old woman studied Clara's face for a moment, then nodded. "I believe you do. You may take the shoes, but remember to use them wisely."

Clara could hardly contain her excitement as she carefully placed the shoes in her bag and thanked the old woman profusely. She rushed home to show her mother, who marveled at the beautiful shoes and hugged Clara tightly.

That evening, Clara put on the enchanted ballet shoes and began to dance in her small bedroom. The moment her feet touched the floor, she felt a surge of energy and grace unlike anything she had ever experienced. She twirled and leaped, feeling as light as a feather, as if the shoes were guiding her every move.

The next day at ballet class, Madame Bianca was astounded by Clara's sudden improvement. "Clara, you dance like an angel!" she exclaimed. "You must perform in the upcoming town recital. I believe you're ready for the lead role."

Clara's heart soared with joy. She had always dreamed of performing in front of an audience, and now her dream was coming true. She practiced tirelessly, each day growing more confident and skilled, thanks to her enchanted shoes.

The night of the recital arrived, and the town's theater was filled with excited spectators. Clara stood backstage, her heart pounding with anticipation. She took a deep breath and slipped on her magical ballet shoes. As she stepped onto the stage, the audience gasped at her ethereal beauty.

The music began, and Clara danced like she had never danced before. She moved with grace and elegance, her every step in perfect harmony with the music. The enchanted shoes seemed to glow, casting a soft light around her as she twirled and leaped. The audience watched in awe, completely captivated by her performance.

As the final note of the music played, Clara struck a perfect pose and the audience erupted in applause. Roses were thrown onto the stage, and cheers filled the air. Clara beamed with happiness, tears of joy streaming down her face. She had done it—she had achieved her dream.

After the recital, Madame Bianca embraced Clara warmly. "You were magnificent, my dear. I always knew you had a special talent, but tonight you truly shone like a star."

Clara thanked Madame Bianca and her parents, who were bursting with pride. As they walked home, Clara felt a sense of contentment and gratitude. She knew that the enchanted shoes had helped her achieve her dream, but it was her own hard work and passion that had truly made it possible.

The next morning, Clara went to the old shop to thank the kind old woman, but to her surprise, the shop was gone. In its place was an empty lot, as if the shop had never existed. Clara smiled to herself, knowing that some things were meant to remain a mystery.

From that day on, Clara continued to dance with all her heart, always remembering the lesson she had learned: true magic comes from within. She inspired others with her story and her performances, showing everyone that with dedication and love, any dream could come true.

And so, Clara danced happily ever after, her enchanted shoes safely tucked away as a cherished memory of the magical journey that led her to her dreams.

Clara och Den Magiska Balettskorna

En gång i tiden, i en livlig stad fylld av skratt och prat, bodde en ung flicka som hette Clara. Clara var en livlig flicka med gyllene hår och ljusblå ögon som gnistrade som morgonsolen. Hennes största dröm var att bli en berömd ballerina och dansa på världens största scener.

Claras familj var inte rik, men de var kärleksfulla och stöttande. Hennes mamma arbetade som sömmerska, och hennes pappa var bagare. Trots sina modesta medel uppmuntrade de alltid Clara att följa sina drömmar. Varje dag efter skolan skyndade Clara till den lilla balettskolan längst ner på gatan, där Madame Bianca, en tidigare primaballerina, undervisade stadens barn i dans.

Madame Bianca såg något speciellt i Clara. Hon hade en naturlig grace och passion för dans som var ovanlig för någon i hennes ålder. Clara övade flitigt och drömde om dagen då hon skulle bära vackra balettkostymer och uppträda för en beundrande publik.

En frisk hösteftermiddag, när Clara var på väg hem från sin balettklass, märkte hon en gammal, dammig butik som hon aldrig sett förut. Skylten ovanför dörren läste "Förtrollade Skatter." Nyfiken tryckte Clara upp den knarrande dörren och steg in.

Butiken var fylld med alla möjliga märkligheter och prylar. Hyllorna längs väggarna var fullpackade med föremål som glittrade och lyste i det svaga ljuset. Längst bak i butiken upptäckte Clara ett par delikata rosa balettskor som verkade lysa med ett mjukt, magiskt ljus.

"Kan jag hjälpa dig, kära?" sade en mild röst och Clara rycktes till av överraskning.

Hon vände sig om och såg en vänlig gammal kvinna med glittrande ögon stå bakom disken. "Åh, jag är ledsen att jag stör," stammade Clara. "Jag tittade bara på dessa vackra balettskor."

Den gamla kvinnan log varmt. "Dessa är inte vanliga balettskor, min kära. De är förtrollade och kan låta vilken dansörs drömmar som helst gå i uppfyllelse. Men de kommer med en villkor: de fungerar endast för någon med ett rent hjärta och en sann passion för dans."

Claras hjärta hoppade till. "Jag älskar att dansa mer än något annat i världen," sade hon uppriktigt.

Den gamla kvinnan studerade Claras ansikte en stund, sedan nickade hon. "Jag tror dig. Du får ta skorna, men kom ihåg att använda dem klokt."

Clara kunde knappt behärska sin upphetsning när hon noggrant lade skorna i sin väska och tackade den gamla kvinnan profusely. Hon skyndade hem för att visa sin mamma, som förundrades över de vackra skorna och kramade Clara hårt.

Den kvällen satte Clara på sig de förtrollade balettskorna och började dansa i sitt lilla sovrum. I det ögonblick hennes fötter rörde golvet kände hon en våg av energi och grace som hon aldrig tidigare hade upplevt. Hon snurrade och hoppade, kände sig lätt som en fjäder, som om skorna styrde varje rörelse.

Nästa dag i balettklassen blev Madame Bianca förbluffad över Claras plötsliga förbättring. "Clara, du dansar som en ängel!" utropade hon. "Du måste uppträda på den kommande stadens recital. Jag tror att du är redo för huvudrollen."

Claras hjärta svävade av glädje. Hon hade alltid drömt om att uppträda framför en publik, och nu blev hennes dröm sann. Hon övade outtröttligt, varje dag blev hon mer självsäker och skicklig, tack vare sina förtrollade skor.

Kvällen för recitalen kom, och stadens teater var fylld med förväntansfulla åskådare. Clara stod bakom scenen, hennes hjärta bultade av förväntan. Hon tog ett djupt andetag och drog på sig sina magiska balettskor. När hon steg ut på scenen gaspade publiken av hennes etriska skönhet.

Musiken började, och Clara dansade som hon aldrig dansat förut. Hon rörde sig med grace och elegans, varje steg i perfekt harmoni med musiken. De förtrollade skorna verkade lysa, kastade ett mjukt ljus omkring henne när hon snurrade och hoppade. Publiken såg på i förundran, helt förtrollade av hennes framträdande.

När den sista tonen av musiken spelades, intog Clara en perfekt pose och publiken bröt ut i applåder. Rosor kastades upp på scenen, och jubel fyllde luften. Clara log lyckligt, tårar av glädje rann ner för hennes kinder. Hon hade gjort det – hon hade uppnått sin dröm.

Efter recitalen omfamnade Madame Bianca Clara varmt. "Du var magnifik, min kära. Jag visste alltid att du hade en speciell talang, men ikväll sken du verkligen som en stjärna."

Clara tackade Madame Bianca och hennes föräldrar, som var fyllda av stolthet. När de gick hem kände Clara en känsla av tillfredsställelse och tacksamhet. Hon visste att de förtrollade skorna hade hjälpt henne att uppnå sin dröm, men det var hennes eget hårda arbete och passion som verkligen hade gjort det möjligt.

Nästa morgon gick Clara till den gamla butiken för att tacka den vänliga gamla kvinnan, men till sin förvåning var butiken borta. På dess plats fanns en tom tomt, som om butiken aldrig hade funnits. Clara log för sig själv, med vetskapen om att vissa saker var menade att förbli en gåta.

Från den dagen fortsatte Clara att dansa med hela sitt hjärta, alltid ihågkommen läxan hon hade lärt sig: sann magi kommer inifrån. Hon inspirerade andra med sin historia och sina framträdanden och visade alla att med hängivenhet och kärlek kunde vilken dröm som helst bli sann.

Och så dansade Clara lyckligt i alla sina dagar, hennes förtrollade skor säkert gömda som ett kärt minne av den magiska resa som ledde henne till sina drömmar.

9 798227 808264